INVENTAIRE
G23616

ROBERT 1977

Cambry au citoyen Grégoire

FRAGMENS
DU
DERNIER VOYAGE
DE LA
PÉROUSE.

A QUIMPER,

DE L'IMPRIMERIE DE P. M. BARAZER.

Prairial, an V de la République.

AVANT-PROPOS.

J'étais sur la Charlotte qui portait à la baye Botanique les malfaiteurs bannis de l'Angleterre. Le 24 janvier, 1788, nous apperçûmes avec étonnement, deux vaisseaux français en avant du Cap Banks et de la pointe Solander : c'étaient l'Astrolabe et la Boussole, commandés par M. de la Peyrouse.

Un commerce d'estime et d'amitié s'établit bientôt entre nos chefs et les officiers français. Simple matelot, j'accompagnais un jour le capitaine Watkin-Tenck, à bord de l'Astrolabe, quelques jours avant la mort de M. Receveur, professeur d'Histoire Naturelle; et je l'avoue, je ne pus résister à la tentation d'enlever un cahier manuscrit, que j'appercevais dans la chambre d'un officier Français.

Tant que j'ai pû penser que la Peyrouse reparaîtrait, une pudeur, une honte fort naturelle, m'ont empêché de publier les notes que j'avais dérobées ; mais puisque malheureusement, il ne peut revoir sa patrie ; qu'inutilement on l'a cherché dans tous les parages de la mer du Sud, il est heureux que j'aie fait un larcin, qui nous fournit quelques détails sur une de ses plus agréables stations.

Une suite d'infortunes que je compte faire connaître un jour, m'a jetté sur les côtes de France, après un long combat de l'Amazonne contre les Droits de l'Homme, dans la nuit du 13 au 14 janvier 1797.

Prisonnier à Quimper, j'ai quelques obligations au Citoyen H.***, je lui donne mon manuscrit sous la condition expresse de ne jamais me nommer à personne. C'est le seul être auquel j'aie parlé de cet Ouvrage ; puisse le parti qu'il en tirera, le dédommager des avances qu'il ma faites.

FRAGMENS
DU
DERNIER VOYAGE
DE
LA PÉYROUSE.

. . . .
. . . .

Nous arrivâmes enfin à la terre dont les tempêtes nous écartaient depuis si longtems. Monsieur de la Peyrouse, jugea qu'il fallait attendre le jour pour en approcher. Nous mouillâmes par un bon fond de sable, à trois quarts de lieu de la terre dont les vapeurs ne nous permettaient pas de distinguer les formes; nous n'en appercevions que la masse énorme, dominée par des montagnes plus élevées qu'elles ne le sont dans ces contrées. La nuit fut calme, le lever du soleil acheva de dissiper les brouillards, et le plus beau spectacle, le plus riche théâtre s'offrit à notre impatiente curiosité. Douze jours de contrariétés s'étaient écoulés, les vivres frais, les légumes, les fruits nous manquaient; cette terre opulente nous promettait des ressources pour nos malades que le scorbut attaquait de nouveau, pour l'équipage qui souffrait.

Deux collines ferment la baye dans laquelle les canots nous guidèrent, elles se rapprochent en fer à cheval, et ne laissent qu'un passage de deux cents brasses aux vaisseaux qui veulent y pénétrer. Plus nous approchions de la terre, plus le pays nous offrait de richesses; les arbrisseaux qui baignaient le rivage, et dont l'onde agitait les feuillages légers, nous paraissaient couverts d'un fruit couleur de pourpre, de la grosseur d'un œuf de poule, les grands arbres qui dominaient ces deux collines étaient chargés de fleurs pyramidales, semblables à celles du Maronier-d'Inde, et de feuilles larges et dentelées. En approchant nous fumes étourdis du caquetage d'un million d'oiseaux que notre aspect effaroucha, qui, sous mille formes différentes, s'élevaient en masse dans l'air; rien d'aussi varié que leur vol, que les couleurs de leur plumage; l'espace qui séparait les arbres, laissait appercevoir de vastes tapis de gazon d'une herbe aussi fournie, d'un plus beau verd que celle des parcs de l'Angleterre.

Je l'ai dit, cette baye, ce port, forme un immense fer à cheval qui peut avoir trois quarts de lieue de profondeur, sur une demie lieue de large; le fond s'élève en vaste amphithéâtre, les côtés sont formés de collines coupées de plaines et de rivières. Jamais bassin ne fut plus calme, jamais la mer ne fut plus transparente; des fonds sablés brillans qu'on apperçoit à 30 pieds de profondeur, s'élèvent des coraux blancs, de couleur d'ébène, du plus beau rouge; des coquilles de toute espèce, des arbrisseaux de mille formes sont étalés sur ce riche tapis, la nature jamais ne nous offrit une décoration plus belle.

Je fus chargé de parcourir la côte, je descendis dans un canot armé de dix rameurs et de vingt soldats de marine : nous nous flattions si ces terres étaient habitées, qu'elles le seraient dans ces lieux enchanteurs, qui nous donnaient l'idée du paradis terrestre, et dont les isles de *Sandowik*, d'*Otayti*, ne nous avaient offerts qu'une froide copie.

Nous apperçûmes sur le sable quelques traces d'un animal aux pieds fourchus, que nous jugeâmes de la grandeur d'un bœuf. Cinq heures de marche et de recherches, ne nous offrirent aucun indice d'habitation. Nous vîmes que la baye, que les deux ailes si bien boisées qui la formaient, ne tenaient à la grande terre que par une jettée naturelle qui pouvoit avoir cent-vingt pieds de largeur, sur six cent toises de longueur. Cette jettée doit être couverte d'eau dans les grandes marées ; elle dépose un sable très fin, au pied d'arbres énormes plantés sans ordre mais d'un effet très pittoresque.

Nous prîmes quelques oiseaux qu'aucun Naturaliste n'a décrit, le plus bisare d'entre eux n'a point de bec, porte une tête velue, de larges crèmes, je ne pourrais la comparer qu'à celle du *Ouistity*, décrit dans M. de Buffon. J'en donnerais la description.

Nous primes sur le rivage un assez grand nombre de tortues, de cancres, beaucoup d'huitres : tout nous indique que la baye est extrèmement poissonneuse.

Les fruits que nous avions apperçus ont le goût des meilleurs raisins du Cap. Je ne doute pas qu'on n'en puisse extraire un vin délicieux : c'est ce que l'expérience nous apprendra.

Nous rendimes compte au général de nos recherches, et l'assurâmes qu'aucune des rades que nous avions trouvées dans notre long voyage, n'étoit aussi propre au rétablissement de nos malades, au radoub de la Boussole que les derniers coups de vent avait extrèmement fatiguée.

Le lendemain par un vent d'est on leva l'ancre. Nous entrâmes dans la baye. Je ne pourrais vous exprimer la gaité, les transports, le chant des matelots ; si malheureux par les travaux qu'ils avaient supportés dans notre relache dans l'anse des *rochers*, par la privation des viandes fraiches, par la maladie qui les accablait ; la vue de leur patrie n'eut pas occasionnée chez eux plus d'allégresse.

Notre premier soin fut d'établir des tentes au nord de la presqu'Isle, supposant cette position plus fraîche et plus salubre, mais à l'approche de la nuit, le froid se fit sentir avec une telle vivacité, que nous préférâmes de ne faire débarquer nos scorbutiques que le lendemain. Nous plaçâmes l'hôpital au Sud, dans une position délicieuse, à côté d'un ruisseau qui tombait en cascade sur un lit de cailloux roulés, et qui sur un gazon verd et fleuri dont il entretenait la fraîcheur salutaire, coulait par filets à la mer.

Les tentes ou baraques que nous élevâmes avaient dix pieds de long sur huit de large, les branchages de quelques arbres nous servirent à les former ; des feuilles de la largeur de celle du bananier qui flottaient sur un petit étang les couvrirent; on réunit en peu de temps une assez grande quantité de feuillages et de mousses sur lesquels les matelots furent étendus. Ignorant la nature du grand animal dont les traces nous avaient frappés, nous établimes près des tentes un piquet de 12 hommes, qui dans la nuit n'entendit pas le moindre bruit.

Les charpentiers, les matelots avaient à l'entrée de la baye, faits des préparatifs nécessaires pour abattre en carêne la Boussole.

Le soir nous fimes servir à l'équipage les tortues, les poissons, le gibier que nos pêcheurs, que nos chasseurs s'étaient procurés sans beaucoup de peines ; on avait pris les oiseaux au filet, à la manière des Italiens dans leurs villégiatures.

La Péyrouse avait défendu de faire entendre le bruit du canon, du fusil, dans cette meure paisible, son but était de ménager la ressource que ces oiseaux nous offraient, et s'il existait quelques peuplades de sauvages dans le voisinage, de ne pas les effrayer.

J'ai rejetté, comme dans les cahiers précédents, toutes les notes relatives au service, à la réparation des bâtimens, au gisement des côtes: elles seront sans doute plus complètes dans le journal de Monsieur de la Peyrouse.

J'ai dit qu'une langue de terre séparait la baye de la grande terre. Je sollicitai la permission de la traverser, et de m'absenter quelques jours pour aller à la découverte, pour voir si le pays que nous appercevions était ou n'était pas habité. On m'accorda vingt-cinq hommes, les mêmes qui m'avaient suivis dans l'expédition de Noka, jeunes gens lestes, ingambes, pleins de vivacité, de gaité, faits à tous mes caprices, à mes études, à mes recherches; nous partimes munis des provisions nécessaires, vins, eau-de-vie, biscuits; certains de trouver dans le pays que nous allions étudier, des alimens plus substantiels.

Nous partimes à la pointe du jour. Après avoir traversé la jettée qui réunit la baye à la grande terre, nous nous trouvames dans un bois de haute futaye, sous lequel s'élevaient une multitude de plans et de liannes assez séparés, cependant, pour nous offrir par-tout de longues allées irrégulières, sur un fond d'herbes rases et de fleurs semblables au serpolet. Nous vimes quelques traces de ce grand animal dont les pas nous avaient frappés en abordant la première fois ce rivage, et soupçonnant qu'il pourrait s'en trouver dans un bois que nous appercevions, nous y pénétrâmes en nous tenant à la distance de cent pas les uns des autres; après une lieue de chemin, enchantés du paysage, de la variété des fleurs, des arbres, des feuillages, de mille et mille oiseaux volans de branche en branche, deux de nos chiens, de la grande espèce des levriers, répondirent aux cris de mon limier, et s'élancèrent à sa suite dans une espèce de taillis; nous les suivimes, et parvenus sur une plage nous apperçumes sur le sable une douzaine de ces animaux que nous cherchions. Quand un chasseur habile nous eut placés, nous n'ussions pû l'être avec plus d'art, dans une meilleure disposition: j'engageai mes amis à ne tirer qu'avec la certitude d'atteindre l'animal qu'ils allaient ajuster; ces monstres pourvus d'une large crinière, de cornes énormes, plus grands que les buffles sauvages, ne parurent pas effrayés à notre aspect; ils nous laissèrent approcher à la petite portée du fusil; j'ose assurer qu'il fallait notre courage, l'habitude que nous avions du danger, la confiance que nous avions acquise en notre adresse, pour oser en rase campagne attaquer ces animaux, dont l'aspect était redoutable, et les défenses ménaçantes ; au signal que je donnais, nous fîmes une décharge générale des espingoles dont j'ai déjà parlé, nos balles de la grosseur d'une noix, percèrent, abattirent ces monstres, cinq d'entre eux restèrent sur le champ de bataille, le reste en laissant des traces de sang s'enfuit avec une vitesse inconcevable, en poussant un cri lamentable que les échos répétaient, multipliaient dans les cavernes du rivage.

La tête de cet animal ressemble plus à celle du cheval, qu'à celle du bœuf ; ses cornes ont cinq pieds de séparation, trois pieds de long et trois pouces et demi de diamètre à la racine; elles sont très aigues à leur extrémité : à la partie inférieure de la bouche pend une barbe de trois pieds, d'un noir luisant éblouissant; ses épaules, sa tête, son col sont recouverts d'une crinière épaisse, abondante, de la même couleur; tout le corps est enveloppé d'une peau souple, dont le poil long de deux doigts, a la finesse, la douceur des plus belles marthres zibelines.

Je ne vous peindrai pas l'effet que nos 25 coups de fusils produisirent; un cri perçant s'éleva dans les airs, des millions d'oiseaux inapperçus jusqu'à ce moment, formèrent un épais nuage sur nos têtes. Les traineaux que nous fabriquâmes occuppèrent toute la soirée. Nous revînmes aux tentes fiers de notre victoire ; les équipages nous aidèrent à dépecer, à préparer notre riche butin, des feux furent allumés, les broches garnies. Je me souvins d'Enée prenant possession des rivages d'Italie et partageant à ses vaisseaux les cerfs qu'il venait d'immoler.

La chair de nos grands animaux était succulente, mais un peu dure ; nous vimes qu'il fallait la laisser mortifier : mais nous fûmes convaincus qu'il est impossible de trouver une viande plus délicate ; c'est un mêlange de bœuf et de chevreuil, c'est un manger délicieux.

Cependant aucune trace d'habitation ne s'était montrée sur la route. Nous avions peine à concevoir que tant de petites isles dans un climat âpre et sauvage, que les rochers de la terre de *Feu* fussent si habités, et que le beau pays que nous venions de découvrir, l'immense étendue de terre, le continent que nous appercevions, ne fut peuplé que de buffles et d'oiseaux. Nous pouvions sans doute faire toutes nos opérations, nous radouber, rendre à nos malades la vie, remplir d'une eau pure et lympide nos futailles, nous pourvoir de tortues, de viande et de fruits ; mais il nous paraissait cruel de quitter cette station, sans connaître des hommes qui, par la beauté du climat, par la fécondités du sol, devaient avoir une existence douce, aimable, contraire à celle de la plûpart des sauvages que nous avions trouvés dans le voyage.

La Peyrouse se chargea sur notre indication, d'envoyer des chasseurs à la recherche d'animaux nécessaires à nos équipages, et j'obtins la permission de m'absenter pendant dix jours; mon dessein était de m'avancer en droite ligne vers les montagnes qui s'élevaient en amphithéâtre, sur lesquelles nous croyons avoir entrevu de la fumée qu'on prend pour des vapeurs quand on l'apperçoit dans un lointain très reculé.

L'union, l'amitié, la fraternité qui regnait entre nous depuis la division de l'isle d'Yuic, fit envisager notre séparation comme une calamité: on nous donna 54 hommes bien armés, munis de sabres, de fusils, de pistolets en bon état; 2 des chariots légers que nous avions fait faire, nous accompagnèrent traînés par douze hommes robustes qui se relayaient: nous partimes, Receveur fut de la partie, et Duché-de-Vancy, notre aimable dessinateur n'oublia pas son porte-feuille; quelques musiciens étaient des notres, ils firent retentir en quittant les vaisseaux des airs nouveaux pour ces contrées.

Quand on a passé la jettée, la terre présente une plaine qui s'élève insensiblement en talus; nous lui prêtâmes cinq lieues de profondeur jusqu'au pied des montagnes, et dix ou douze de largeur; cette plaine est entourée de montagnes, dont les sommets sont couverts de nuages.

Notre marche que je dirigeais en droite ligne, fut arrêtée par la multitude de pierres, de plantes et de mousses qu'on ramassait pour nos avides naturalistes. Tout était neuf pour eux : nous écoutions avec avidité leurs dissertations prolongées, car je le répète, la communication de nos idées, la familiarité douce qui s'était établie parmi nous, l'esprit de Lamanon, la fécondité de la Martinière, faisaient de nos vaisseaux une espèce d'académie. Je contemplais souvent à la fin d'un beau jour, nos matelots devenus des artistes, nétoyant des coquilles, pressant des plantes, empaillant des oiseaux ; leurs doigts rudes et grossiers avaient acquis de la souplesse, ils écoutaient avec avidité les remarques de nos artistes, les leçons qu'ils donnaient, les démonstrations qu'ils faisaient dans la chambre du conseil : on s'y pressait, on écoutait dans un silence curieux pour un observateur. N'était-il pas singulier en effet, de voir des matelots métamorphosés en naturalistes, des vaisseaux devenus des académies, des muséum, des licées ? Puissent un jour tous les navigateurs au lieu des pestes, de la mort, ne porter dans leurs découvertes que les arts, les talens, les vertus, tout ce qui peut servir, embellir et charmer le séjour passager de l'homme sur la terre.

Nous vimes passer auprès de nous une grande quantité de nos buffles barbus que nous avions résolus de ne pas inquiéter ; nous admirâmes ce plumage d'une multitude d'oiseaux ; nous entrevimes, mais de loin quelques quadrupèdes qui, moins forts et moins confians que le buffles, trouvaient leur repos dans la fuite : quelques tentations que nous éprouvassions, on fut fidèle à la consigne que j'avais donnée, pas un coup de fusil ne fut tiré.

A deux lieues de la baye nous fûmes arrêtés par une rivière qui coulait du nord-est au sud-est, elle est assez profonde mais peu large : deux arbres abattus sur la rive, tombèrent sous nos coups et formèrent un pont que le courant ne pouvait entraîner. Il nous paroissait sage de ménager à notre petite troupe un moyen de retraite, en cas que nous fussions attaqué par des forces très supérieures, ce qui pourtant alors nous paraissait invraisemblable. Nous nous enfonçâmes dans un bois en suivant notre première direction et marchâmes jusqu'à six heures du soir. On fit les préparatifs nécessaires pour passer la nuit à l'abri du froid que nous supposions devoir être aussi vif que dans la péninsule où nous avions déposé nos malades. Nous fîmes un repas solide dans un fort à l'abri du vent : rien n'égalait notre gaité, notre sécurité.

Le soleil se couchait derrière les montagnes, nous écoutions dans un désordre pittoresque, assis sur l'herbe, sur des carreaux couverts de ......, le récit d'un naufrage éprouvé par un ...... la côte d'Afrique, quand, vous pou- ...... le notre étonnement, nous entendîmes ...... le son d'un tambourin, d'un flageolet, d'une musette, de quelques autres instrumens inconnus dans les contrées voisines ; certains que nous allions trouver des hommes moins sauvages que ceux que nous avions jusques-là rencontrés ; refléchissant que leurs armes pouvaient être perfectionnées comme leurs instrumens, je me chargeai suivi de Boutin et de Berniset, d'aller à travers le feuillage examiner, découvrir la forme, l'atittude, les armes et le nombre d'hommes que nous allions trouver ; on me suivit en armes à cent pas de distance.

J'arrivai sur un tertre d'où j'apperçus, quel spectacle ! Un peuple d'hommes et de femmes rangés dans un amphithéâtre de gazon, vêtus de blanc, cheveux épars. La multitude était assise ; vingt groupes agités s'exerçaient dans un cercle dont la terre dépouillée de gazon, me parut battue comme un aîre de laboureur ; pas une arme ne frappa ma vue : je distinguai sur une espèce d'élevation vingt-quatre vieillards à barbe blanche, tenant en main un baton blanc.

J'assemblai tous mes compagnons. Il fut arrêté que je marcherais accompagné de six hommes bien armés, mais portant à la main une branche d'arbre ; que j'agirais comme les circonstances me le prescriraient et qu'en cas de danger, le reste de ma troupe cachée derrière le feuillage apparaîtrait pour nous défendre.

A peine fûmes-nous apperçus descendant lestement la colline, parés de nos panaches, de nos armes, de nos uniformes, que la danse cessa ; la musique fut interrompue, on accourut à nous avec des cris, les démonstrations d'une gaité, d'une amitié que nous n'éprouverons peut-être pas en arrivant en france dans le sein de notre famille ; la commotion était générale, les vingt-quatre viellards s'étaient levés, ils s'avançaient majestueusement vers nous : nous les joignimes au milieu de l'arêne. L'aspect de ces vieux sénateurs m'en imposa; ils n'avaient rien d'âpre, de rude, de sauvage ; celui qui me parut leur chef, après m'avoir examiné pendant quelques momens, à quelques phrases inintelligibles mêla distinctement le mot *français*, qu'avec des transports extraordinaires dix mille voix répetèrent à l'instant. Je ne vous peindrai pas l'excès de ma surprise ! Elle augmenta quand me serrant la main, quand me pressant dans ses bras vénérables, quand m'appuiant sur sa poîtrine, il prononça des mots décousus, non phrasés, mais qui me démontrèrent qu'il avait eu quelque commerce avec des habitans de ma patrie, j'essayai quelques mots qu'il entendit.

Bon jour, mon père. Il répondit *fils*. Vous avez vû quelques Français ? Il me dit *oui*. Je lui montrai des cases dans la plaine. Il s'écria *maison ! Maison !*

Il faut avoir senti tout ce que j'éprouvai d'émotion, d'agitation ; l'étrangeté du site, des costumes, la surprise, l'enchantement qui m'oppressaient, pour se figurer ma position.

Venez dis-je au vieillard, et suivi de la multitude, je m'approchai du corps de mon armée qui, sur le signal que je fis, s'avança dans le meilleur ordre, tenant en main des feuillages, emblêmes de la paix, du doux repos qu'on goûte sous l'ombrage. Bientôt on nous fit place, on nous conduisit en dansant au tertre distingué qu'occupaient les vieillards, nous nous assîmes à coté d'eux et les danses recommencèrent.

Cependant des jeunes gens, de jeunes filles, obeissant au signal que j'avais vu donner par le plus ancien des vieillards, reparurent bientôt avec des corbeilles de toutes les espèces de fruits que produit la contrée. L'arbre-pain croit dans ce pays; on nous servit dans des cocos une liqueur aussi piquante, aussi rafraîchissante que les vins blancs de Nantes, de la côte : c'est ce que nous nommons lianes à vin à saint Domingue. Leur lait était caillé, il nous servirent des fromages, de la crême et des espèces de biscuits d'un goût délicieux, sucré; nous étions si saisis, tellement enchantés, si distraits par la nouveauté de ces scènes, tellement agités par des caresses inattendues, si cordiales, que notre état nous paraissait un songe.

On nous logea dans trois maisons solidement bâties; on nous servit dans des vases de bois, des viandes, des poissons inconnus. Notre souper fut interrompu par des chants, par des danses qui nous recréèrent. Nous nous couchâmes sur des lits de mousse enveloppés dans d'énormes couvertures doublées, picquées, recouvertes de peaux de buffles, où nous dormimes du plus profond sommeil. La prudence nous prescrivit pourtant, d'établir des sentinelles, inutiles assurément, car, au premier signe qui fit connaître à ces bonnes gens, l'envie que nous avions de nous livrer au repos, ils se retirèrent, et la nuit se passa sans que le moindre bruit, sans que la moindre indiscrétion troublât notre sommeil.

Le lendemain dès la pointe jour je dépêchai cinq hommes à la Peyrouse, en l'instruisant de ce qui se passait.

Il est impossible d'imaginer les sensations que nous éprouvâmes en contemplant ce qui nous entourait, notre surprise tenait de l'abrutissement. Tel dût être à Paris, l'étonnement des *Esquimaux*, quand on les conduisit à l'Opéra.

Nos lits étaient d'un bois lisse et poli, le parquet, le plancher, les murs étaient d'un bois peint ou veiné de la plus grande propreté ; les meubles consistaient en chaises bien tournées, en tables fort commodes, et d'une certaine élégance ; nous y vimes avec étonnement des filets fort proprement exécutés, des ornemens dont les compartimens étaient d'un justesse mathématique ; nous ne doutâmes plus que quelque Européen

Européen jetté par la tempête sur ces rives, n'eut donné des arts, des coutumes, des Lois à ce peuple si doux, si policé, si différent de tout ce nous avions vu que jusqu'à ce moment.

Rien de noble comme le costume que la veille nous avions étudié. Les vieillards et les femmes d'un certain âge portent de longues robes blanches à grands plis, faites d'une écorce d'arbre semblable à celle d'*Otayti*; elles sont larges et commodes, se croisent sur la poîtrine et se lient par une ceinture de peaux de bufiles; le noir éclatant de ces bandes un peu large, tranche avec l'éclat de leur vêtement blanc. Les jeunes gens ont des habits de la même étoffe, croisés aussi sur la poîtrine, mais ces tuniques ne descendent que jusqu'aux genoux; tous portent des sandales de trois cuirs réunis par des boyaux d'oiseaux ou de poissons, attachés comme les cothurnes, par des bandes de peau de bufiles, et remontant jusqu'au dessus du gras de jambe. La jeunesse comme partout se pare ici de fleurs, de coquillages et de perles; mais sans se défigurer comme on le fait dans presque toutes les contrées placées dans la mer du Sud.

Le teint des habitans est basané sans être noir; leurs yeux sont aussi beaux que ceux du Malabar, leurs cheveux noirs et longs, paraissent accoutumés à des plis que la nature ne paraît pas avoir créés; ils se façonnent en crêpés, en grosses boucles, ou tombent avec négligence, sans sécheresse, sans la roideur des plats cheveux des Américains, des Indiens.

Ils portent tous des bonnets ronds de joncs, d'osier ou de feuillage vert, façonnés avec élégance.

L'extérieur de leurs maisons est peint de diverses couleurs, sur un fond blanc, éblouissant quand il est frappé du soleil.

Des essentes melées de feuillages, de feuilles semblables à celles des palmistes, leurs servent de toits; toutes les maisons sont séparées, placées au pied d'arbres énormes qui les ombragent, qui les couvrent; des jardins assez grands, mais fermés par des haies, sont placés auprès des maisons, et cultivés en plantes de l'Europe, en légumes de leur pays; des bosquets d'orangers, de datiers allignés au cordeau, terminent les jardins délicieux qu'un ruisseau baigne en serpentant : on se croirait ici dans la demeure des bien heureux, dans les jardins de la *Féérie*, ou chez le bon *Alcinous*.

Un homme qui paraissait avoir beaucoup d'empire sur la troupe de jeunes gens qui l'accompagnaient, se présenta sur les sept heures du matin à la porte de nos maisons; il nous fit entendre par gestes que ceux qu'il nous conduisait, devaient obéir à nos ordres, nous procurer ce que nous pouvions desirer. Nous comprîmes avec beaucoup de peine que nous devions une visite aux vingt-quatre vieillards qui nous paroissaient être les souverains de ce pays ; nous obéîmes à son invitation et partîmes pour une case immense, sans murailles ou nous fumes reçus avec les démonstrations et les caresses de la veille. Un déjeuner nous fut servi par de jeunes femmes dont notre aspect redoublait les graces, la coqueterie; nous leurs sumes bon gré des fleurs dont elles s'étaient parées : je le dis avec vérité sans la moindre exagération, les champs-Elisées, l'Isle d'amour à l'opéra, ne m'offrirent jamais de minois si piquants, si doux, si délicats; et le clinquant des plus riches toilettes se ternirait auprès de l'aimable simplicité de ces parures. Ces femmes, sans autres ornemens que des bandes de peaux de buffles ceignant leurs reins, parant leurs bras, et s'enlaçant en bandes délicates, dans les boucles de leurs cheveux parés de fleurs bleues, blanches, incarnates ou lilas, marchent avec legereté ; elles se balancent avec souplesse, mais sans grimaces, sans minauderies: en verité nous en perdions la tête.

On nous fit voir la vaste enceinte ou les jeunes gens s'exerçaient à la course, à la lutte, à la danse; les places publiques où l'on se rassemble souvent pour entendre à l'ombre des arbres, les contes, les récits, les fables, les histoires du temps passé; nous le jugeâmes au moins par des groupes nombreux assis en rond autour d'arbres énormes, au pied desquels assis sur une pierre, déclamaient de sages viellards.

Nous vimes des défis de jeunes gens qui traversaient un beau fleuve à la nage, domptaient la force du courant et se perdaient longtems sous l'onde ; nous vimes de grands parcs où des moutons, des vaches, des agneaux recevaient une abondante nourriture ; nous vimes des champs cultivés, du riz, du bled, une multitude de fruits, de légumes et d'animaux, dont je donnerai la description dans les momens où moins d'objets se présenteront à mon esprit en convulsion.

Nous rentrâmes dans le grand hangard où nous trouvâmes un repas préparé, d'une abondance inconcevable; deux cuisiniers qui nous accompagnaient, mêlèrent des plats européens à ceux qui nous étaient servis; nos bonnes gens les dévorèrent, en firent l'éloge en bien mangeant, nous leur fimes servir du vin, des eaux-de-vie, de la liqueur des Isles, qu'ils burent avec modération ; le plus ancien des ving-quatre vieillards, nous fit connaître en se frappant la tête, qu'il connaissait l'effet de ces liqueurs sur le cerveau, et qu'il se rappellait d'en avoir bû jadis : il répéta comme des mots dont il se souvenait, *vin*, *eau-de-vie*, et fit tout les efforts possible pour se rappeller quelqu'autre mot français; il en prononça vingt ou trente, rien n'égalait sa joie, ses transports d'allégresse quand il croyait être entendu.

Jusqu'alors aucun signe de religion ne nous avait frappé; après un dialogue qui nous parut avoir un caractère de gravité, le plus ancien des vieillards se leva, me serra la main, me montra dans le lointain une maison d'assez belle apparence : il me fit signe de le suivre, j'engageai le plus grand nombre de mes compagnons à ne pas m'accompagner, et je partis suivi de Montarnal, de St. Seran, et de deux jeunes élèves dont la figure aimable et douce, paroissait plaire a nos nouveaux amis. Quelle fut ma surprise en entrant dans la maison où l'on nous conduisit, j'y vis une fille jolie, blanche comme une Européenne, d'une taille noble, svelte, dégagée ; elle pouvait avoir 15 ans, souriait à nos complimens, et s'agitait au son de notre voix. Après une conversation de gestes et de révérences, et quelques mouvemens de curiosité chez cet aimable enfant, que nos armes, nos épaulettes, nos habits déterminerent ; nous sortimes en lui témoignant par nos gestes, par nos saluts, le plaisir qu'elle nous causait.

A notre retour à la maison marquante, où les vieillards étaient encore, nous remarquâmes une altération, une gravité, une tristesse généralement répandues sur le visage, dans l'attitude de nos amis. On sortit sur deux lignes : nous marchâmes sans ordre accompagnés des vingt-quatre vieillards, ensevelis dans une profonde affliction. Quelques coups de tambour retentissaient de tems-en-tems. Nous crûmes qu'on nous conduisait au temple de la Divinité de ces contrées, et nous nous commandâmes le respect, le silence qui convenait à des lieux consacrés par la reconnaissance pour les bienfaits de l'Eternel.

Nous marchions sur une pelouse épaisse, entre des allées de grands arbres. Nous avions perdus de vue toutes les habitations. La jeunesse et la foule des spectateurs, obéissant aux ordres des vieillards, cessa de nous accompagner ; le bois devenait plus épais, plus sombre, le bruit d'un fort ruisseau qui tombait en cascade, le jour qui perdait son éclat, tout insensiblement nous disposait à la scène qui se préparait. Une barrière s'entrouvrit, et dans un vallon solitaire nous apperçûmes cinq monumens placés sur quelques monticules couvertes d'arbrisseaux, d'arbustes et de fleurs. Nous approchâmes, un long mistère nous fut à l'instant expliqué.

Le premier de ces monumens portait sur une pierre. *Cy-git Anthoine Duaffont, charpentier, de Brest.*

Le second, *cy-git Léonard Annoyer, musicien, de Paris.*

Le troisième, *cy-git Jacques Loris, ménuisier, de Lamballe.*

Le quatrième, *Adelaïde de Kervasy, de Vannes.*

Le plus ancien de nos vieillards, enveloppé dans les pans de sa robe, s'était écarté de ce tombeau sacré, qui renfermait peut-être le corps de son épouse.

Le sixième portait, *cy-gît un malheureux qui ne veut pas qu'on le connaisse.*

Notre émotion, notre surprise étaient extrême ; nous jugeâmes, nous vîmes qu'un vaisseau français s'était perdu sur ces parages, et fumes convaincus que les hommes ingénieux dont nous lisions les épitaphes, avaient portés les arts et l'industrie dans ces contrées délicieuses. Mais quand, à quelle époque, comment, pourquoi la langue française n'était-elle pas comme de plus de monde. Nous nous flattâmes qu'un jour toutes ces difficultés seraient levées; on proposa dans l'espoir de trouver quelques écrits dans ces tombeaux, de les fouiller, de les ouvrir : c'eut été désespérer nos frères, nos amis, troubler des mânes solitaires ; je ne voulus pas le permettre.

Des visites, des jeux, des courses et des danses achevèrent cette journée qui ne dura pour nous qu'une minute.

La curiosité, l'envie de pénétrer tant de mystères, me faisaient employer tous mes efforts pour rappeller à mon respectable vieillard tout ce qu'il avait sû de la langue française. J'obtenais des succès étonnants, je me flattais qu'il pourrait parvenir au bout de quelque tems à se rappeller une langue qu'il avait parlée.

Nous rentrâmes dans nos jolies maisons, comblés de dons, de caresses et de bénédictions.

Nous attendions le lendemain la Peyrouse et tous nos amis, avec une impatience qui ne nous permit pas de fermer l'œil. Dès la pointe du jour nous sortimes : le peuple, tous nos bons vieillards étaient assis sous de grands arbres en attendant notre lever.

Ils nous firent faire un long circuit, nous traversâmes un bois de haute futaye, nous vimes dans une plaine trois monticules élevées, entourées de fossés remplis d'eau ; un petit pont gardé par un seul homme un long baton blanc à la main, en défendait l'approche. Trois vastes bâtimens couvraient le sommet des collines. Sans cesse de nouveaux objets ébranlaient notre esprit, piquaient notre curiosité ; tout était merveille pour nous, et tout était pourtant d'une extrême simplicité.

Le plus âgé des vieux dit un mot au gardien qui nous laissa pénétrer dans l'isle. Nous étions convaincus ou qu'on nous conduisait au temple ou qu'on nous montrerait un riche trésor. Toute la fortune de nos amis était réellement rassemblée dans ces lieux, ce n'etait pas un amas d'or, d'argent, de signes monétaires, mais une multitude de boiseries, de pilliers équaris, peints de couleurs très variées et rangés dans le plus bel ordre. Tout ce qui peut servir à faire en un instant des cases, des palissades ; tout ce qui pouvait avoir rapport à l'art du menuisier, du charpentier remplissait un bâtiment immense, bien aëré, fort bien couvert, à l'abri des injures du tems.

Le deuxième bâtiment moins grand, renfermait une multitude d'outils en fer, haches, vrilles, herminettes, mais en assez mauvais état. Les deux pierres au moyen desquelles on pouvait les aiguiser, les réparer, les mettre en état de servir, étaient entièrement usées : notre bon père nous les fit voir les larmes aux yeux ; avec peine, nous lui fimes comprendre que nous pouvions les remplacer. Je ne pourrais vous peindre les transports qui se manifestèrent dans l'assemblée.

Le troisième renfermait les débris d'un naufrage que la piété, que l'amitié conservaient avec respect.

Nous y trouvâmes quelques livres, mais malheureusement pas un seul manuscrit, rien qui put éclairer sur le nom du vaisseau et sur les aventures des hommes qui, pour le bonheur du pays, avaient été jettés dans ces contrées.

Des cris de joie nous annoncèrent la Peyrouse et son brillant cortège ; il marchait au milieu de toute la peuplade, décoré de tout ce qui pouvait frapper les yeux et réjouir nos insulaires ; il pénétra dans l'enceinte accompagné de son Etat-major. Le peuple, nos soldats s'assirent auprès des fossés en attendant la fin de la visite que nous fîmes une seconde fois avec la Peyrouse et sa suite.

C'était un spectacle frappant, plusieurs milliers de filles, de jeunes gens vêtus d'écorce blanche et d'une propreté sans tache, siegeaient auprès de nos soldats et de nos matelots français, et croyez-en mon assertion, nos chapeaux de forme barbare, nos habits étriqués, nos clinquans, nos galons, les grandes culotes des matelots, leurs courtes vestes n'embélissaient pas le spectacle : la scène était du plus grand style. Des arbres élevés et du plus beau feuillage formaient autour de nous un ceintre irrégulier. Quelques rochers heurtés, bisarement rompus, couverts de mousse, d'arbrisseaux, de fleurs, de troncs antiques et de bois jeunes et vigoureux; l'eau qui coulait partout en abondance et joignait son murmure uniforme aux cris perçans de la gaité, des transports d'amitié, de quelque chose de plus vif qui commençait à se manifester dans l'équipage. La variété de couleurs des habits français qui se mêlait au blanc des vêtemens indiens, le vert éblouissant des arbres, les diamans qui tombaient des cascades, un air pur et léger, tous les jeux du soleil dans des arcades de verdure, nous offraient un tableau sublime et neuf dont la réalité ne nous avait jamais offert l'image.

Nous conjecturâmes que les cinq naufragés

dont nous avions vus les épitaphes, avaient formé beaucoup d'élèves charpentiers et menuisiers; que prévoyant l'époque où les meules, ou les outils seraient usés, ils en avait fait tirer tout le parti possible en préparant pour l'avenir, pour fournir aux réparations, tous les bois qu'ils purent travailler. Véritables bienfaiteurs de ces contrées, ouvriers respectables au-dessus des Héros des demi Dieux de l'ancien tems, recevez nos hommages bien mérités! Puissent vos mânes bienfaisantes errer autour des heureux qu'elles ont fait, vos noms ne se prononcent point ici sans rappeler à la reconnaissance ; et dans la vallée solitaire ombragée, le soir au coucher du soleil, on va verser de douces larmes sur vos tombeaux couverts de fleurs.

Les leçons du maître de danse n'étaient pas toutes oubliées, les mouvemens souples, gracieux, arrondis des danseuses; la légèreté des jeunes gens, étaient le résultat de ses préceptes, sans doute ; il avait façonné les flageolets, les tambourins et les musettes, c'était ses airs que l'on chantait, ce costume élégant et noble avait été réglé par lui.

Il fallait que ces respectables naufragés eussent été révérés comme des dieux, pour avoir autant influé sur une aussi grande peuplade, et qu'ils eussent pendant long-tems travaillé à la façonner, a lui donner des idées douces, servies pourtant par la nature, et par l'absence de toute espèce d'ennemis. Ici l'on n'a pour armes que l'arc, des flèches et de longues piques armées de cailloux aigus.

Nous ne pourrons attribuer qu'a madame de Kervasy, la prière que le soir nous entendimes sur une monticule, d'où l'on découvrait le pays; ces bonnes gens l'estropiaient, la répétaient les mains au ciel, les yeux tournés vers le soleil couchant :

Man Dio bena ca poplo, potega ca püs, na parma pas qua las Europans y portan jamas lœurs furor et lœurs vics.

« Mon Dieu benis ce peuple, protège ce pays,
» ne permets pas que les Européens y portent
» jamais leurs fureurs et leurs vices.

Cette journée se termina par des courses, des jeux, des tours de force et de souplesse; par un repas de viande roties, de fruits exquis, par les présens que la Peyrouse distribua généreusement aux principaux acteurs des cette fête. On appréciait audessus de tout ce qu'il pouvait offrir, les serpes, les couteaux, le fer dont l'usage et le prix était connus de tous les habitans.

On avait chargé les officiers, restés près des vaisseaux, de préparer la fête la plus brillante dans la presqu'isle; les poissons pris, les buffles tués, une multitude d'oiseaux de l'espèce des pigeons, des canards; tout ce que la patisserie pouvait offrir de délicat; la riche tente dont

dont nous avions vus les épitaphes, avaient formé beaucoup d'élèves charpentiers et menuisiers; que prévoyant l'époque où les meules, ou les outils seraient usés, ils en avait fait tirer tout le parti possible en préparant pour l'avenir, pour fournir aux réparations, tous les bois qu'ils purent travailler. Véritables bienfaiteurs de ces contrées, ouvriers respectables au-dessus des Héros des demi Dieux de l'ancien tems, recevez nos hommages bien mérités! Puissent vos mânes bienfaisantes errer autour des heureux qu'elles ont fait, vos noms ne se prononcent point ici sans rappeler à la reconnaissance ; et dans la vallée solitaire ombragée, le soir au coucher du soleil, on va verser de douces larmes sur vos tombeaux couverts de fleurs.

Les leçons du maître de danse n'étaient pas toutes oubliées, les mouvemens souples, gracieux, arrondis des danseuses; la légèreté des jeunes gens, étaient le résultat de ses préceptes, sans doute ; il avait façonné les flageolets, les tambourins et les musettes, c'était ses airs que l'on chantait, ce costume élégant et noble avait été réglé par lui.

Il fallait que ces respectables naufragés eussent été révérés comme des dieux, pour avoir autant influé sur une aussi grande peuplade, et qu'ils eussent pendant long-tems travaillé à la façonner, a lui donner des idées douces, servies pourtant par la nature, et par l'absence de toute espèce d'ennemis. Ici l'on n'a pour armes que l'arc, des flèches et de longues piques armées de cailloux aigus.

Nous ne pourrons attribuer qu'à madame de Kervasy, la prière que le soir nous entendîmes sur une monticule, d'où l'on découvrait le pays; ces bonnes gens l'estropiaient, la répétaient les mains au ciel, les yeux tournés vers le soleil couchant :

Man Dio bena ca poplo, potega ca püs, na parma pas qua las Europans y portan jamas leurs furor et leurs vics.

« Mon Dieu benis ce peuple, protège ce pays,
» ne permets pas que les Européens y portent
» jamais leurs fureurs et leurs vices.

Cette journée se termina par des courses, des jeux, des tours de force et de souplesse; par un repas de viande roties, de fruits exquis, par les présens que la Peyrouse distribua généreusement aux principaux acteurs des cette fête. On appréciait audessus de tout ce qu'il pouvait offrir, les serpes, les couteaux, le fer dont l'usage et le prix était connus de tous les habitans.

On avait chargé les officiers, restés près des vaisseaux, de préparer la fête la plus brillante dans la presqu'isle; les poissons pris, les buffles tués, une multitude d'oiseaux de l'espèce des pigeons, des canards; tout ce que la patisserie pouvait offrir de délicat; la riche tente dont le prince de Loan, nous avait fait présent, ce qui pouvait frapper les yeux, satisfaire le goût de nos nouveaux amis fût employé pour leur amusement ; on fit dans les vaisseaux une étalage de tout ce qui pouvait éblouir, éclater à la vue de gens accoutumés à la simplicité de leur vie calme et peu faite aux vaines recherches de l'Europe ; les ordres avaient été donnés. Le lendemain douze de nos vieillards accompagnés de cent cinquante jeunesgens, d'autant de jeunes filles s'acheminèrent vers la baye : comme nous redoutions l'époque des coups de vents et l'équinoxe, nos travaux ne furent pas interrompus. En appercevant nos ouvriers au travail, nos jeunes gens coururent avec empressement au chantier s'emparèrent des haches, des herminettes et nous prouvèrent leur adresse ; on applaudit à leur talent; vous auriez vu tomber les plus gros arbres, en un moment ils étaient dépouillés de leurs branches, de leur feuillage, on apporta des instrumens et le plaisir de nous servir l'emporta sur tous ceux qu'on s'empressait de leur offrir.

La fête fut brillante cependant. Nos mets et nos ragoûts leur plûrent, les liqueurs qu'on servit avec profusion furent consommées avec reserve; mais ce qui les charma, ce qui leur causa des transports inouis, ce fut un beau feu d'artifice tiré dans l'épaisseur des bois, dans une obscurité profonde ; ces serpens, ces oiseaux, tous ces animaux figurés par des ceintres d'étoiles, étaient pour eux des prodiges inconcevables : jamais transports n'égalèrent ceux dont nous fûmes les témoins pendant cette journée.

Les cent-cinquante jeunes gens qui nous avaient si puissamment aidés dans nos travaux, nous firent entendre qu'ils les continueraient, qu'ils ne retourneraient pas à leurs habitations; mais malgré nos intances, nos prieres, sur les dix heures du soir, malgré l'obscurité, les jeunes filles et les douze vieillards partirent pour leur habitation. Ils emportaient comme en triomphe des haches, des herminettes, quelques limes, des scies, qu'ils recevaient en nous baisant la main ; nous leurs avions promis des meules pour aiguiser leurs instrumens, nous les leurs montrâmes et fîmes entendre aux vieillards qu'elles leurs seraient portées le lendemain.

Nous ne quitâmes pas nos aimables amies, sans leur donner le doux baiser d'adieu : on n'imagine pas avec qu'elle douceur, avec quel simplicité, ces anges se prêtaient à nos tendres caresses.

Stupide amour de nos contrées barbares, de nos affections d'enfance, de la misère de la France, comment pouvez vous l'emporter sur les charmes d'une vie douce qu'aucun chagrin, qu'aucune ambition, qu'aucun malheur ne peut troubler ! que fallait-il de plus pour le bonheur ? Un climat délicieux, une surabondance de fruits, d'animaux, de légumes, une mer poissonneuse, des hommes doux, des femmes, ah! nous meritons bien si nous quittons ces bords d'être engloutis par l'immense Océan, ou de périr sur des côtes sauvages.

Vaches, moutons, poulets, canards, tous nos animaux domestiques; beaucoup de porcs, plusieurs espèces d'animaux, de quadrupèdes énormes, inconnus dans nos climats; du froment du riz, l'arbre pain, de toute autre espèce de fruits, nous furent envoyés le lendemain par nos amis, portés par plus de douze-cent jeunes gens qui signifièrent par leurs gestes qu'ils venaient aider nos travaux: ils apportaient leurs instrumens usés qu'on remit en état, et dont ils firent l'essai avec des tranports incroyables; ils nous aidèrent si puissamment que notre vaisseau fut à flot, dans le meilleur état, en moins de dix jours de relâche.

Nous ne formions plus qu'un peuple d'amis et de frères. Je ne vous peindrai pas les délices de cette vie. La police s'exerçait depuis long-tems avec une telle sévérité que pas un matelot ne fit une sottise. Quel vol eussent-ils fait, on leur offrait tout ce qu'on possédait? Quelle violence eussent-ils pu commettre sur des êtres si caressans qui n'opposaient aucune résistance à leur transport, à leurs amours? Que nous eussions été coupables si nous n'avions été certains qu'aucun homme dans nos vaisseaux ne pouvait infecter ces heureuses contrées, d'un mal dont rien ne nous offrait même les apparences ; trois hommes seulement étaient suspects on ne leur permit pas de quitter les vaisseaux.

Nous étions abondamment pourvus de tous les vivres nécessaires pour la plus longue traversée, grace à nos bons amis qui nous prodiguaient leurs richesses; grace à leur soin, nos bâtimens étaient dans le meilleur état, le bonheur de vivre avec la peuplade la plus sage, la plus heureuse de l'univers, nous retenait encore sur le rivage.

Aucun ennemi ne semble les inquiéter. Ils nous paraissent les seuls propriétaires de l'isle immense qu'ils habitent. Les travaux peu considérables, sur une terre aussi féconde, se font en commun par les jeunes gens. Ils ont toujours par une prévoyance qui vient sans doute de leurs législateurs ; ils ont toujours des vivres de reserve pour un an. Le seul village qu'ils possèdent paraît peuplé de dix-mille individus; leurs maisons sont bien alignées, elles aboutissent à une place immense et ronde, au centre de laquelle est une fontaine en bois, semblable à celles de la Suisse, qu'ombrage un petit bois d'arbres très élevés et d'un feuillage varié. Les maisons sont toutes séparées, et comme on ne craint pas l'humidité dans ces contrées, de jolis bouquets d'arbres les entourent.

L'occupation des filles, est de préparer les
vêtemens

vêtemens tous uniformes. Ce sont pour les vieillards et les matrones, de longues tuniques qui tombent jusqu'aux pieds ; pour les garçons et les jeunes filles, des tuniques qui descendent jusqu'aux genoux, croisées, liées autour des reins par des bandes de peaux velues belles, (je l'ai déjà dit), comme les plus belles Marthres Zibélines. Ces vêtemens sont d'écorce d'arbres d'un blanc jaunâtre.

Des distributeurs établis par quartier donnent à chaque famille les vivres nécessaires. Des pêcheurs, des chasseurs sont sans cesse occupés pour le bien général, et font regner une surabondance sur les tables déjà fournies de riz, de pain et de viande de toute espèce. Sans doute on sauva du vaisseau naufragé, des vaches, un taureau, des brebis, &c ; ces animaux ne paraissent pas naturels au pays. Ils ont en peu de temps prodigieusement peuplé. Les volailles de france, poules, dindons, canards y réusissent à merveille.

Les fruits les plus communs sont l'oranger, l'ananas, la papaye, le fruit de l'arbre à pain, le coco, cette espèce de raisin violet que nous vimes en abordant dans la baye. Il ne me paraît pas qu'ils en ayent fait du vin ; nous ne jugeâmes pas à propos de leur indiquer les moyens de le préparer. Ils ont aussi des sapotilles, plus douces, mieux goutées que celles de St. Domingue ; l'avocat ; un fruit de la forme des Gourdes, qui contient une gelée délicieuse, la banane, la figue banane y croissent naturellement. Toutes les hauteurs sont couvertes de datiers et de palmistes à choux.

On tirerait un grand parti des bois de ce pays pour la construction. Le sucre, le café, l'indigo y réussiraient sans doute parfaitement; ils offriraient à la cupidité, à l'avarice des Européens, des moyens de fortune. Le canellier couvre la terre, l'arbre qui produit le poivre est très commun, près du rivage; mais l'éloignement de la France en écartera nos vaisseaux, pour le bonheur des hommes qui l'habitent.

Les vivres s'y trouvent avec surabondance; les vêtemens avec profusion, sans autre soin que de couper un arbre, sans l'obligation d'en faire des tissus que la nature elle même a formés. Les danses, les fêtes, les jeux sont ici des occupations, des affaires. Des fleurs, des plumes, des coraux et des coquillages, sont les simples objets qui parent la beauté. Toutes les cases sont ouvertes, les seuls magasins publics, sont fermés, sont gardés: prévoyance peu nécessaire, établie sans doute par la méfiance Européenne.

Tous mes efforts auprès du plus âgé des vieillards avaient échoués; je parvins à lui rappeller plus de 200 mots de notre langue, mais il ne put apprendre à les lier; que de détails il eut pu me donner! De quel intérêt eut été mon recit, si les mœurs, les idées, les pensées de ce bon peuple m'eussent été connues.

Toute l'autorité me parut dans la main des vingt-quatre viellards ; ils regnent en pères sur leurs enfans.

Leurs bateaux ont la forme des notres ; ils en ont assez pour le service des pêcheurs, et dans un magasin, de quoi les reparer pendant beaucoup d'années encore. La prévoyance de leurs bienfaiteurs naufragés n'avait rien négligé pour leur bonheur.

Il ne paraît pas qu'ils ayent la moindre connaissance des mines qui se trouvent dans leurs montagnes. L'infatigable Receveur les a parcourues avec soin : certains affleuremens, des indices frappans lui font croire qu'avec quelques recherches, on en découvrirait ; dès qu'il aura fait l'examen des pierres qu'il a brisées et ramassées partout, nous aurons sur cet important objet, des connaissances plus précises.

Nous ne pouvons douter qu'il n'ait existé jadis un immense volcan sur une des montagnes de l'isle ; nous trouvâmes des morceaux de lave à des distances considérables du cratère : il en est de compactes, d'une extrême dureté ; nous y vimes des écumes semblables à celles qui couvrent *Radicofani*, quelques unes en forme de cables, comme sur le Vésuve; elles offrent au naturaliste une grande variété.

Dans les hauteurs nous ne trouvâmes point

de pierres calcaires, mais la presqu'isle de la baye en est formée presque toute entière.

Des cailloux roulés nous montrèrent des marbres blancs, bleuâtres, d'un rouge transparent, au Sud de cette presqu'isle : les détails circonstanciés sur ces matières se trouveront dans l'ouvrage de Lamanon, je ne les cite ici que pour mémoire.

Mais les plantes ! Nous en avons cueilli plus de huit cents espèces inconnues à nos botanistes. Quelle variété, quelle richesse ! Les jolies fleurs, quels parfums ! Quelles couleurs éblouissantes réunies en flocons sur le sein des femmes, sur ces robes blanchâtres, dans ces cheveux bouclés, du plus beau noir, près de ces grands yeux bien fendus, mêlées à tous ces ornemens choisis dans la simple nature, bariolés de ces vives couleurs, disposés avec l'art qu'on avait à Paris ! Elles nous rapellaient les scènes qu'on prête aux nymphes du Lignon, ou que réalisait Glicère dans les fêtes Athéniennes.

Nos matelots étoient devenus fous. La Peyrouse craignit une désertion totale. Il prit donc le parti fort sage de donner pour les réunir, une fête à bord de sa frégate.

Douze des vingt-quatre vieillards cédèrent à notre invitation : les filles les plus jolies, les hommes les plus lestes s'y rendirent ; tout était guirlandes de fleurs ; de grands arcs de triomphes, des berceaux qui les unissaient, nos pavois, tous nos pavillons, tout ce qui peut frapper la vue, le goût, les sens, fut réuni dans cette fête ; nous voulions rendre à nos amis le plaisir qu'ils nous avaient fait. Mais, que tous nos moyens artificiels sont loin de la grandeur, de la parure et de la majesté des bois, des forêts, des cascades et de cette simplicité qui ne connaît pas la recherche.

La musique enchanta nos bons frères, effet qu'ailleurs elle n'avait pas obtenue ; mais faits aux airs réguliers du musicien législateur, aux airs exécutés par ses élèves, ils goûtèrent avec transport cette grande harmonie résultat de l'ensemble et des conceptions de nos grands maîtres. Ils ne s'atendaient pas à l'effet que produisit sur eux une illumination subite sur tous nos bâtimens, une émotion mêlée de frayeur se manifesta dans tous leurs groupes ; mais rassurés, ils prirent à les considérer un plaisir qui jamais ne s'effacera de leur mémoire. Les fusées volantes, les serpentaux, ces feux sortant d'un lac tranquille les étonnèrent encore plus, quoique le bruit des explosions et des pétards les eussent inquiétés dans les premiers momens.

Non, les descriptions des fêtes de Versailles, celles des plus riches romains, à Bayes ou sur le Lac Lucrin, n'offraient, ni dans l'ensemble, ni dans les détails, rien d'aussi grand, d'aussi voluptueux.

Nous avions rempli notre but, pas un matelot

n'était à terre, nous nous disposions a reconduire nos hôtes a leur village, quand une inquiétude générale, des cris, des mouvemens précipités, l'indication d'un point du ciel, nous firent soupçonner quelque ouragan, quelque tempête. Nous appercevions en effet dans l'air pur et serein, un nuage blanc semblable à ceux qui souvent nous surprennent dans nos voyages en Amérique. La sûreté de la rade, la bonté de nos câbles, du fond, les monticules du rivage nous rassuraient; mais nos amis ne l'étaient point, ils se frappaient, se jettaient à terre, et par des cris, des mouvemens de désespoir, ils nous indiquèrent un évènement effroyable dont l'espèce ne pouvait être soupçonnée par nous. On leur offrit de les remettre à terre: ils tombèrent à nos genoux ; le vieillard retrouva quelques termes français : *mer*, *par-dessus*, *perdus*, *perdus !*

L'inquiétude nous saisit, tous les lampions étaient éteints. Nous jettâmes de nouvelles ancres, toutes les voiles furent serrées, le vent forçait, un mouvement extraordinaire se faisait sentir dans la mer qui ne nous paraissait pas devoir être agitée dans la place où nous nous trouvions. Nos vaisseaux arrivèrent et ne présentaient à l'orage que l'étrave; le bruit lointain augmentait, dans un moment les arbres du rivage sont abattus, la mer s'élève, la baye bientôt et ce qui l'entourait, les plus hautes collines disparurent, et nous ne vîmes qu'une pleine d'eau dans une agitation inconcevable ; nos cables se brisent, nous sommes enlevés, nous abandonnons toutes nos ancres ; mais par un bonheur inconcevable, le vent était grand largue, nous parvinmes à sortir de la baye où nous étions pour jamais engloutis, si nos amarres n'avaient tenues : nous fumes plus tranquilles en pleine mer.

Après deux heures de fureur, la mer devint plus calme, le ciel devint serein ; nous passâmes à louvoyer le reste de la nuit, sans perdre de vue les hauts pitons que nous apercevions dans le lointain. Nos malheureux amis étaient rassurés contre l'orage, mais une inquiétude affreuse existait encore chez eux. Ils nous montraient en pleurs leur patrie si chérie, tendaient les bras vers elle. Nous parvinmes difficilement à les rassurer ; le jour leur rendit l'espérance, ils virent que nous dirigions notre marche sur l'isle.

Tout avait disparu, fleurs, bosquets, la plus grande partie des arbres.

La raison pour laquelle les habitations de nos sages sont placées si loin du rivage, nous fut connue. Ces coups de vents sont réguliers peut-être ; et l'expérience leur apprend qu'il est dangereux d'habiter cette baye si riante quand nous l'abordâmes, si hideuse après cet orage.

Nos ancres qu'il fallait retrouver, des dommages à la vérité peu considérables, nous obligèrent à rentrer dans la baye. Vous n'imaginez pas avec quel abandon, quelles démonstrations, quels transports nos bonnes gens touchèrent le sol de leur patrie. Toute la peuplade s'étaient rendue sur le rivage : nous fondions en larmes à l'aspect de leurs doux transports, de leurs innocentes caresses.

Les naturalistes auront à réfléchir sur cet inconcevable mouvement de l'Océan qui me paraît périodique. Le gonflement extraordinaire, prodigieux de cette mer ne peut tenir qu'aux grands mouvemens de la terre. Ce n'est pas un simple ouragan, c'est un effet dont aucune partie du monde n'offre jusqu'à présent l'exemple. La jettée qui séparait la baye de la grande terre était encore couverte d'eau le lendemain vingt-quatre heures après l'orage; elle reparut le surlendemain augmentée de près d'un pied d'élévation.

Nous regrettions, entraînés par les délices du pays de ne l'avoir pas assez parcouru, de n'avoir pas poussé nos découvertes au delà de la grande montagne.

La Peyrouse descendit à terre. Il avait l'intention de revoir la jeune personne à laquelle l'aîné des vieillards témoignait tant de respect et tant d'amour, il fut dans ce voyage accompagné de quatre gardes marine, de moi, de quelques officiers.

Ce que nous n'eussions jamais appris, ce qu'il

pleine d'eau dans une agitation inconcevable ; nos cables se brisent, nous sommes enlevés, nous abandonnons toutes nos ancres ; mais par un bonheur inconcevable, le vent était grand largue, nous parvinmes à sortir de la baye où nous étions pour jamais engloutis, si nos amarres n'avaient tenues : nous fumes plus tranquilles en pleine mer.

Après deux heures de fureur, la mer devint plus calme, le ciel devint serein ; nous passâmes à louvoyer le reste de la nuit, sans perdre de vue les hauts pitons que nous appercevions dans le lointain. Nos malheureux amis étaient rassurés contre l'orage, mais une inquiétude affreuse existait encore chez eux. Ils nous montraient en pleurs leur patrie si cherie, tendaient les bras vers elle. Nous parvinmes difficilement à les rassurer ; le jour leur rendit l'espérance, ils virent que nous dirigions notre marche sur l'isle.

Tout avait disparu, fleurs, bosquets, la plus grande partie des arbres.

La raison pour laquelle les habitations de nos sages sont placées si loin du rivage, nous fut connue. Ces coups de vents sont réguliers peut-être ; et l'expérience leur apprend qu'il est dangereux d'habiter cette baye si riante quand nous l'abordâmes, si hideuse après cet orage.

Nos ancres qu'il fallait retrouver, des dommages à la vérité peu considérables, nous obli-

C 4

gèrent à rentrer dans la baye. Vous n'imaginez pas avec quel abandon, quelles démonstrations, quels transports nos bonnes gens touchèrent le sol de leur patrie. Toute la peuplade s'étaient rendue sur le rivage : nous fondions en larmes à l'aspect de leurs doux transports, de leurs innocentes caresses.

Les naturalistes auront à réfléchir sur cet inconcevable mouvement de l'Océan qui me paraît périodique. Le gonflement extraordinaire, prodigieux de cette mer ne peut tenir qu'aux grands mouvemens de la terre. Ce n'est pas un simple ouragan, c'est un effet dont aucune partie du monde n'offre jusqu'à présent l'exemple. La jettée qui séparait la baye de la grande terre était encore couverte d'eau le lendemain vingt-quatre heures après l'orage ; elle reparut le surlendemain augmentée de près d'un pied d'élévation.

Nous regrettions, entraînés par les délices du pays de ne l'avoir pas assez parcouru, de n'avoir pas poussé nos découvertes au delà de la grande montagne.

La Peyrouse descendit à terre. Il avait l'intention de revoir la jeune personne à laquelle l'aîné des vieillards témoignait tant de respect et tant d'amour, il fut dans ce voyage accompagné de quatre gardes marine, de moi, de quelques officiers.

Ce que nous n'eussions jamais appris, ce qu'il

nous paraissait imposible de connaître, nous fut montré par le hasard.

Il nous paraît certain d'après des conjectures qui sont très vraisemblables, qu'une seule fois par année on célebre pendant trois jours les fêtes que nous vimes s'exécuter ; elles nous dévoilèrent tous les mystéres de cette Isle.

Nous nous rendimes sur l'invitation par signes, de nos bons amis, a la fête qu'ils préparaient : voici ce qui se passa.

La scène était près du rivage, les sauvages épars armés de massues, les cheveux hérissés se promenaient d'un air farouche, il était tel et si bien contrefait, que nous craignimes un moment; que nous ne fumes rassurés que par notre nombre et nos armes.

Ils exécutèrent sur le rivage des danses aussi barbares que celles des sauvages de la nouvelle Zélande ; ils s'acroupirent en rond en contrefaisant une étrange gloutonnerie , ils dévoraient des herbes, des viandes crues ; ils se séparèrent en deux bandes et figurèrent un combat sanglant ; les femmes dont les manières étaient si douces, couvertes de mousse et de feuillage, se livraient à tout genre de désordres.

Tout-à-coup le mouvement cesse, une chaloupe de forme européenne paraît dans le lointain, la curiosité sépare nos sauvages, l'objet grossit : imaginez notre surprise ! Nous distinguâmes quatre individus vêtus à l'Européenne, une femme était du nombre, elle tendait les mains vers le rivage dans une attitude suppliante; des cris de rage se font entendre, des pierres, des flêches se lancent sur le bateau, l'illusion était si grande que nous allions marcher pour défendre les gens du bateau, les bons vieillards nous arrêtent en riant : nous ne tardâmes pas à voir qu'on nous donnait la comédie.

On conserve sans-doute pour les fêtes annuelles, les habits dont étaient couverts les comédiens placés dans le bateau : ce sont évidemment les mêmes que les Français avaient en débarquant dans l'Isle.

Les mouvemens d'insulte, de colère, cessèrent chez les sauvages à l'aspect de cette femme; quelques chefs s'avancèrent sur le rivage et défendirent toute action hostile, le silence regna dans l'assemblée et les sons d'un hautbois se firent entendre du bateau. Quoiqu'on les contrefit d'une manière risible, on distinguait pourtant certain passage qui ressemblaient à notre ancienne musique, à la marche des sauvages de Rameau.

Les comédiens du rivage feignirent d'être attendris, ils jettèrent leurs armes et reçurent avec des transports d'admiration et de joie les étrangers qui descendaient à terre.

On les conduisit dans un bois, le musicien fit entendre de nouveaux airs; tout parut s'attendrir autour de lui. On apporta des fruits, on leur bâtit quelques cabanes de feuillage. Le premier acte de cette comédie finit avec le jour.

Le lendemain on se rendit encore sur le rivage. On avait transporté pendant la nuit, sur un rocher en mer, une multitude d'objets trouvés sans doute sur le vaisseau des naufragés; on les apporta sur la rive, et les sauvages répétèrent les scènes de leur première curiosité : les haches, les herminettes, les scies, des brouettes, du fer &c. &c., passèrent sous les yeux; on n'imagine pas la vérité du jeu de nos acteurs, et l'art avec lequel ils se contrefaisaient. Bientôt les trois Européens leur apprirent l'usage de ces instrumens; l'art de bâtir des maisons solides et jolies; l'art de se vêtir, la danse, la musique, une manière de vivre plus polie, plus civilisée. Tous les acteurs alors prirent le costume des premiers jours de notre arrivée et terminèrent le deuxième acte et par des chants, et par des danses.

La comédie finit le lendemain par toutes les opérations du jardinage, de l'agriculture et par une espèce de déification, dans laquelle on se prosternait aux pieds de quatre Européens qui, brisant une lance emblème de la royauté embrassaient les sauvages policés et leur faisaient connaître pour chefs vingt-quatre vieillards armés de batons blancs; les instrumens du temps passé, masses d'armes, casse-tête, les vases des temps d'ignorance, leurs sales et grossiers vêtemens, tout était lacéré, brisé et consumé dans un bucher.

La fête des trois jours se terminait enfin par une promenade triste et lugubre, au cimetière de leurs bienfaiteurs; et ces bonnes gens poussaient des hurlemens, versaient des larmes d'amour, de désespoir et de reconnaissance sur les cendres de leurs amis.

Sans doute il existait peu d'art dans cette simple comédie, mais la pantomime en était admirable, et l'expression du dernier acte nous fit verser de douces larmes.

L'heureux pays, les bonnes gens! Ils sont au point d'instruction, de civilisation fait pour l'espèce humaine; renonçant à tous nos romans, à nos folies, à nos pompons, à nos systèmes, à nos rêves; voilà l'état qui nous convient. La Peyrouse le dit cent fois, sans mon honneur, sans les comptes que je dois rendre au roi qui m'a confié ses vaisseaux, je quitterai à jamais notre Europe pour vivre dans ce séjour du vrai bonheur et de la paix. Un jour peut-être....
. . . .

NOTE DE L'EDITEUR.

SERAIT-IL étonnant qu'avec de telles dispositions, instruit des révolutions de la France, la Peyrouse et ses compagnons se soient retirés dans cette Isle? D'Entre-Castreaux ne peut en avoir connaissance. Il serait de l'honneur du français de faire une seconde expédition et de chercher sous leur déguisement d'écorce, ces navigateurs égarés. L'Europe acquererait de nouvelles connaissances, de nouveaux faits. Mais rappelés dans nos contrées, la Peyrouse et ses bons amis gagneraient-ils au changement ? En attendant que l'on décide sur cette question délicate, j'aime à penser que ces célèbres navigateurs vivent heureux sous des bosquets de fleurs, au sein du luxe et des richesses de la nature, sous le gouvernement patriarche des bons vieillards, dans les bras de jolies Indiennes, loin des fureurs de Roberspierre, du désordre de nos finances et des craintes de l'avenir.

Au Texte que nous venons d'imprimer, était joint un catalogue de Plantes que les Naturalistes verront peut-être avec plaisir.

PLANTES
DE L'ISLE BLEUE.

PEYROUSIA.

Ce genre nouveau, dont j'ai rencontré deux espèces appartient à la famille des Bignones.

Caractère générique.

Perianthe petit, charnu, avec un bourrelet et sans divisions sensibles.

Une corolle monopétale très grande, campanulée : au bas du tube qui est très long et recourbé se trouve une protubérance très volumineuse et contenant un nectar très abondant.

Cinq étamines, dont une avorte, et deux autres ne paraissent point couvertes de pollen.

Un Ovaire supérieur, pedicellé, cylindrique

et surmonté d'un style qui sort de la corolle et est terminée par un stigmate, divisé en deux lames arrondies, très larges et irritables, (comme dans le Martinia).

Un péricarpe charnu très élastique et contenant une très grande quantité de petites semences.

PEYROUSIA MICROCARPOS.
Péyrouse à semences petites.

Peyrousia foliis, cordatis, caule reptante, seminibus minutissimis.

Cette plante dont la tige est rampante, s'accroche par des vrilles très fortes aux substances qui l'environnent. Elle pousse des rameaux très nombreux, dichotomes, garnis de feuilles cordiformes et d'un vert luisant; les fleurs geminiées, axillaires et longues de quatre pouces, offrent une ouverture très large et brillent d'une belle couleur bleu-chair. Le Nectaire renferme une liqueur abondante et délicieuse au goût. La fleur est soutenue par un petit calyce dont les divisions aigues, au nombre de cinq, sont très petites et tachées de points rouges sur les bords il n'y a dans chaque fleur que deux étamines fertiles, deux n'ayant point de poussière et l'autre étant à peine visible.

Ce péricarpe ovale, composé de cinq pièces s'ouvre longitudinalement et contient un très grand nombre de semences si petites, qu'on prendrait à l'œil simple pour une poussière noirâtre, semblable au bled charbonné. Quand le péricarpe se dessèche, il s'ouvre avec éclat et répand au loin ses semences, comme quelques *Lycoperdons*. Les vents s'en chargent alors et la disséminent partout.

Les habitans font une ample récolte de la liqueur miellée qui se trouve dans le nectaire de la fleur. Ils l'emploient comme aliment, assaisonnement et médicament. Chaque fleur donne quelquefois jusqu'à un demi gros de cette liqueur, plus agréable au goût et plus aromatique que le meilleur miel de Bourbon : elle doit avoir des propriétés très énergiques. J'ai fait subir une légère digession à un feu lent, à celle que j'ai recueillie, elle a pris un peu de consistance syrupeuse et m'a paru plus chargée de principes ; aussi notre chirurgien major, l'a employée avec le plus grand succès, comme Stomachique, Cordiale, Céphalique, Nervine, Résolutive. &c.

PEYROUSIA LEUCANTHEMA.

Peyrouse à fleurs blanches.

P. foliis ob-cordatis, floribus albis, solitariis.

Cette espèce diffère de la précédente par son port qui n'est pas rampant, les rameaux plus simples, les feuilles ob-cordées, les fleurs blanches et son péricape arrondi.

Son nectaire contient beaucoup moins de

liqueur, aussi elle est très négligée. Ces deux plantes qui sont annuelles, m'ont paru s'accommoder de tous les terreins et seraient je pense faciles à acclimater dans tous les pays tempérés, où la première surtout serait d'une grande richesse.

THEOBROMA. ACHROCORDON.

Le Cacaoyer verruqueux.

Theobroma, foliis dentato-serratis, tomentosis pedunculis bifloris.

Cet arbrisseau de la famille des Malvacées, (*et de la Poliadelphie Pentandrie. Linné.*) m'a paru appartenir au *Théobroma. Lin.* Il n'en diffère, quant aux caractères génériques, que par le style qui est quintuple, tandis qu'il est simple avec cinq stigmates dans le *Théobroma*.

Peut-être que plus étudiée et comparée avec les deux ou trois espèces de Cacaoyers que nous connaissons, cette espèce constituera un nouveau genre.

Le calyce est divisé en cinq pièces comme dans le *Théobroma-cacao*; les fleurs sont aussi les mêmes que dans cette dernière espèce. Les étamines n'en diffèrent que par les filamens qui sont de la même longueur et dont les anthères paraisssent également fertiles. La capsule très grande, presque ligneuse, pentagone et irrégulière, a cinq loges qui renferment plusieurs semences amygdaliformes, attachées à un réceptacle

ceptacle commun. L'huile concrète de ces amandes, qui a la consistance d'un beau beurre tirant sur le rouge, et un goût beaucoup plus agréable que le beurre de Cacao commun, C'est un manger délicieux, très nourissant et qui mérite en effet d'être appellé *Théobroma* : *manger des Dieux*.

Les tiges de cet arbrisseau sont couvertes çà et là de tubercules qui ressemblent à de grosses verrues. Je n'ai pa vu un seul individu qui en fut exempt; d'où je pense que cette excroissance lui est naturelle. C'est probablement quelques organes secrétoires et non une galle produite par un insecte, comme on serait tenté de le croire au premier abord.

Lyriodendrum. Chrysolopos.

Tulipier à écorce jaune.

L. Foliis spatulatis epidermide flava.

Cet arbre qui a le port des magnoliers et les caractères de cette famille *naturelle*, appartient au *Lyriodendrum. Lin*, dont il offre les caractères génériques.

Ce tulipier est remarquable par la belle couleur jaune de son écorce, qui est la même jusqu'à l'extrémité de ses rameaux. Ses feuilles spatuliformes sont d'un vert foncé. Les fleurs deux fois aussi grandes que celles du tulipier ordinaire, (*Lyriodendrum tulipifera*) surpassent en beauté les tulipes les plus brillantes.

Le calyce a trois folioles jaunes et ciliées sur leurs bords; il est soutenu par deux bractées très longues et étroites. Les petales bariolés de blanc et de rouge, sont larges vers l'onglet qui se retrécit pour donner naissance à la lame; celle ci s'évase beaucoup, se termine en pointe arrondie, et prend une forme concave. La corolle ainsi composée de douze pièces, forme une belle coupe, au milieu de laquelle reposent une grande quantité d'étamines. Les fleurs solitaires, assez nombreuses, supportées par un pédoncule long de quatre à cinq pouces, se redressent pour présenter l'orifice de la coupe en haut. La corolle jouit d'une grande sensibilité. Elle se ferme à l'ombre, et il suffit d'intercepter un instant la lumière solaire pour produire cet effet : j'ai remarqué qu'aucun stimulant méchanique n'agit sur elle. La lumière du soleil a seule cette propriété.

Cet arbre superbe dont la cime touffue s'élève à plus de soixante pieds de hauteur, est d'une beauté éclatante qui surpasse toute idée.

HOEMATOXYLON HYDROPHYLLOS.

Campêche à feuilles humides.

H. foliis humidulis, floribus axillaribus, rubris.

Cet arbre de la famille des légumineuses a les plus grands rapports avec le bois de campêche des Antilles, (*Hæmatoxylon Campechianum*) et en a les caractères génériques. Elle en diffère cependant par ses feuilles toujours humides, sa fleur axillaire, d'un beau rouge, ses épines plus nombreuse et ramassées, et son port have et désagréable.

Le temps ne m'a pas permis de faire quelques expériences curieuses sur la liqueur qui paraît filtrée par les feuilles de cet arbre; elle m'a paru inodore, insipide, et cependant elle a coloré très légèrement en rouge le papier bleu, ce qui m'a fait présumer la présence d'un acide.

Le port de cet arbre est très âpre, ses rameaux hérissés d'épines; sa couleur triste.

Je soupçonne que la piqure de ses épines est mortelle: quelques expériences me l'ont prouvé. Il serait curieux de vérifier ce fait sur un assez grand nombre d'animaux et de faire l'analyse des épines. Il en résulterait je pense, de grandes lumières sur la nature des poisons végétant si inconnus jusqu'ici, et notamment sur ceux qu'employent quelques sauvages pour empoisonner leurs flèches.

Le bois fournirait, je pense, une très belle teinture écarlate; il est très dur, pesant, d'un grain très fin et susceptible par son poli d'être employé dans les ouvrages de tour, préférablement à ceux qu'on connaît déjà.

LEONTODON TRAGOPOGONOIDES.
Pissenlit. Barbouquin.
L. Foliis panduriformibus repandis, receptaculo favoso.

Au premier aspect on prendrait cette espèce pour un *Tragopogon*, mais son calyce est composé de deux rangs de folioles et caliculé à sa base. Ses feuilles panduriformes et légèrement gaudronnées sont très grandes, radicales; sa tige est nue, simple et supporte une seule fleur, rarement deux, d'une belle couleur jaune. Le fruit fortement attaché dans les petites cellules exagônes du receptacle, sont surmontées de belles aigrettes stipitées, dont l'ensemble forme dans la maturité une grosse boule assez semblable à celle du *Tragopogon porrifolium*.

DIONOEA MYRMÉCONÉCROS.
La Tue-Fourmi.

Je n'ai point vu l'attrape-mouche, *Dionœa muscicapa*, ainsi je n'ai pu comparer celle-ci qui n'était point en fleurs. La *Tue-Fourmi* dont il est ici question a peu de rapport avec l'attrape-mouche. C'est une plante herbacée, de la hauteur de deux pieds à deux pieds et demi, très touffue, garnie de feuilles rondes, alternes et couvertes de longs poils. Quand j'aurai mieux examiné cette plante, une des plus intéressantes que nous connaissions, j'en ferai une description plus exacte; j'en ai fait provision des Antilles, (*Hœmatoxylon Campechianum*) et en a les caractères génériques. Elle en diffère cependant par ses feuilles toujours humides, sa fleur axillaire, d'un beau rouge, ses épines plus nombreuse et ramassées, et son port have et désagréable.

Le temps ne m'a pas permis de faire quelques expériences curieuses sur la liqueur qui paraît filtrée par les feuilles de cet arbre; elle m'a paru inodore, insipide, et cependant elle a coloré très légèrement en rouge le papier bleu, ce qui m'a fait présumer la présence d'un acide.

Le port de cet arbre est très âpre, ses rameaux hérissés d'épines; sa couleur triste.

Je soupçonne que la piqûre de ses épines est mortelle : quelques expériences me l'ont prouvé. Il serait curieux de vérifier ce fait sur un assez grand nombre d'animaux et de faire l'analyse des épines. Il en résulterait je pense, de grandes lumières sur la nature des poisons végétant si inconnus jusqu'ici, et notamment sur ceux qu'employent quelques sauvages pour empoisonner leurs flèches.

Le bois fournirait, je pense, une très belle teinture écarlate; il est très dur, pesant, d'un grain très fin et susceptible par son poli d'être employé dans les ouvrages de tour, préférablement à ceux qu'on connaît déjà.

LEONTODON TRAGOPOGONOIDES.
Pissenlit. Barbouquin.

L. Foliis panduriformibus repandis, receptaculo favoso.

Au premier aspect on prendrait cette espèce pour un *Tragopogon*, mais son calyce est composé de deux rangs de folioles et caliculé à sa base. Ses feuilles panduriformes et légèrement gaudronnées sont très grandes, radicales; sa tige est nue, simple et supporte une seule fleur, rarement deux, d'une belle couleur jaune. Le fruit fortement attaché dans les petites cellules exagônes du receptacle, sont surmontées de belles aigrettes stipitées, dont l'ensemble forme dans la maturité une grosse boule assez semblable à celle du *Tragopogon porrifolium*.

DIONOEA MYRMÉCONÉCROS.
La Tue-Fourmi.

Je n'ai point vu l'attrape mouche, *Dionœa muscicapa*, ainsi je n'ai pu comparer celle-ci qui n'était point en fleurs. La *Tue-Fourmi* dont il est ici question a peu de rapport avec l'attrape-mouche. C'est une plante herbacée, de la hauteur de deux pieds à deux pieds et demi, très touffue, garnie de feuilles rondes, alternes et couvertes de longs poils. Quand j'aurai mieux examiné cette plante, une des plus intéressantes que nous connaissions, j'en ferai une description plus exacte; j'en ai fait provision de jeunes plans et de graines. Je suis persuadé qu'elle ne se rapporte à aucun genre connu.

L'attrape-mouche jouit d'une grande sensibibilité, puisque d'après des observateurs dignes de foi, les mouches et autres petits insectes qui se posent sur une des feuilles, se trouvent emprisonnées par les replis que forme cette même feuille. Mais la Tue-Fourmi n'est pas moins curieuse. Les Fourmis sont très friandes d'une espèce de gomme qui découle de son écorce, mais en passant dans l'aiselle des rameaux, ces insectes les irritent et leur font faire un mouvement de charnière qui les écrase contre le tronc. On admire avec le plus grand intérêt un ou plusieurs rameaux à la fois, se mettre en mouvement et souvent punir de sa témérité l'audacieux animal qui vient l'incommoder. Comme ces fourmis sont très nombreuses sur les rameaux, ont voit toujours quelque partie de la plante en mouvement et souvent un grand nombre à la fois.

POLYMORPHIDENDRON.

Cet arbre dont je n'ai pu rapporter les caractères à aucun genre connu, a quelques ressemblances avec les Orangers :

Calyce à dix divisions très grandes, lanceolées et ciliées en leurs bords.

Etamines au nombre de vingt, réunies en cinq faisceaux (*Polyadelphie icosandrie. Lin.*)

Corolle à cinq pétales très ouverts, larges à la base et terminés en pointe.

Germe simple, ovale, surmonté d'un style terminé par deux stigmates triangulaires.

Pomme à douze loges; chaque loge à trois semences; l'écorce charnue recouvre une pulpe mucoso-sucrée très agréable au goût. Cette pomme est plus grosse que les plus belles oranges.

POLYMORPHIDENDROM.

Yahoué.

Cet arbre étonnant, *Yahoué*, pour me servir de l'expression des habitans du pays, a vingt-cinq ou trente pieds de hauteur. Les feuilles sont épaisses, ovales, lanceoleés, blanches en dessous; les fleurs blanches et sessiles. Sa cime forme une pyramide courte et très garnie.

Le phénomène que les feuilles présentent est très singulier. Pendant la nuit et dès le matin elles sont pliées en deux suivant leur longueur; alors on ne voit que leur partie inférieure et elles paraissent blanches. Le port et l'aspect de l'arbre a tellement changé qu'on ne le reconnaît plus, si l'on ne la vu qu'en plein jour. Le matin à mesure que la chaleur augmente, les feuilles s'ouvrent; mais avant d'être entièrement déployées, elles forment un canal anguleux dans son fond. L'arbre est alors blanc et vert, et sous cette nouvelle forme, il est encore méconnaissable pour celui qui ne l'a pas vu à cette époque du jour. Enfin, vers le milieu du jour, les feuilles ont pris tout leur développement. Alors l'arbre paraît d'un beau vert, et offre l'aspect d'un oranger. Ces métamorphoses aussi admirables que constantes, justifieront sans doute le nom que je lui ai donné d'arbre à plusieurs figures. *Polymorphidendrom.*

. . . .
. . . .

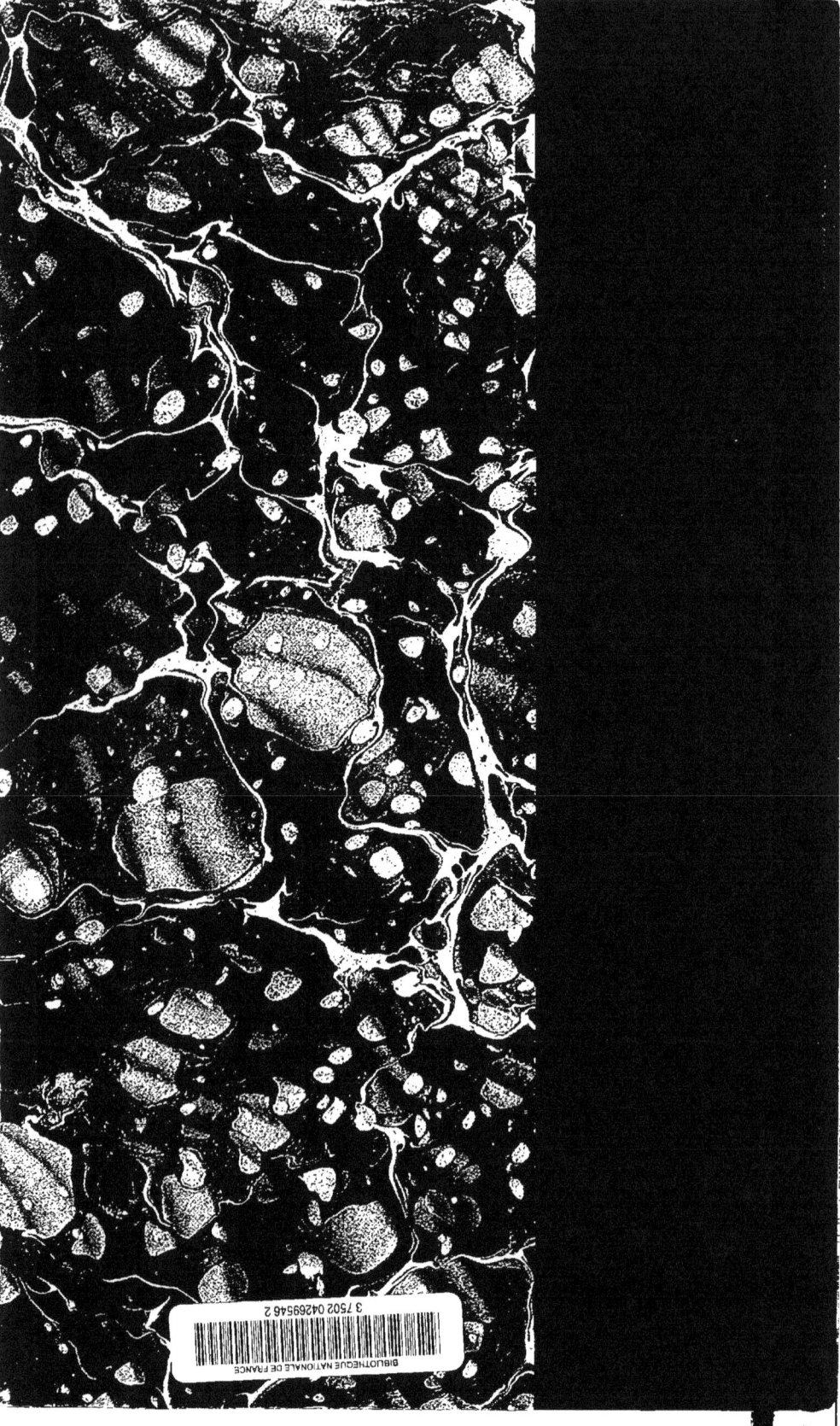

www.ingramcontent.com/pod-product-compliance
Lightning Source LLC
LaVergne TN
LVHW051457090426
835512LV00010B/2190